Impressum
Verlag: BABADADA GmbH, Nedderfeld 112 , 22529 Hamburg
Geschäftsführer / Verlagsleitung: Harald Hof
Druck: Books on Demand GmbH, In de Tarpen 42, 22848 Norderstedt

Imprint
Publisher: BABADADA GmbH, Nedderfeld 112 , 22529 Hamburg, Germany
Managing Director / Publishing direction: Harald Hof
Print: Books on Demand GmbH, In de Tarpen 42, 22848 Norderstedt, Germany

dijeliti
dijeliti

186/2

učionica
učionica

ploča
tabla

školsko dvorište
školsko dvorište

učitelj
učitelj, nastavnik

papir
papir

pisati
pisati

kemijska olovka
olovka

pisaći stol
pisaći sto

ravnalo
lenjir

knjiga
knjiga

učenik
učenik

torba
....
torba

pernica
....
pernica

grafitna olovka
....
drvena olovka

šiljilo za olovke
....
šiljalo za olovke

gumica za brisanje
....
gumica

blok za crtanje
....
blok za crtanje

crtež

crtež

kist

kist

kutija s bojama

kutija s bojama

makaze

makaze

ljepilo

ljepilo

bilježnica

vježbanka

domaći zadatak

domaća zadaća

broj

broj

sabirati

sabirati

oduzimati

oduzimati

množiti

množiti

računati

računati

slovo

slovo

abeceda

abeceda

riječ

riječ

tekst

tekst

čitati

čitati

kreda

kreda

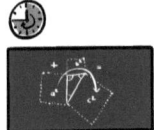

sat

sat

dnevnik

školski dnevnik

ispit

ispit

svjedodžba

svjedočanstvo

školska uniforma

školska uniforma

obrazovanje

izobrazba

leksikon

leksikon

sveučilište

univerzitet

mikroskop

mikroskop

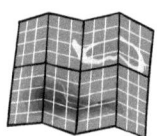

karta

karta

košara za papir

korpa za papir

hotel
hotel

prenoćište
hostel

ROOMS

mjenjačnica
mjenjačnica

EXCHANGE

kofer
kofer

auto
auto

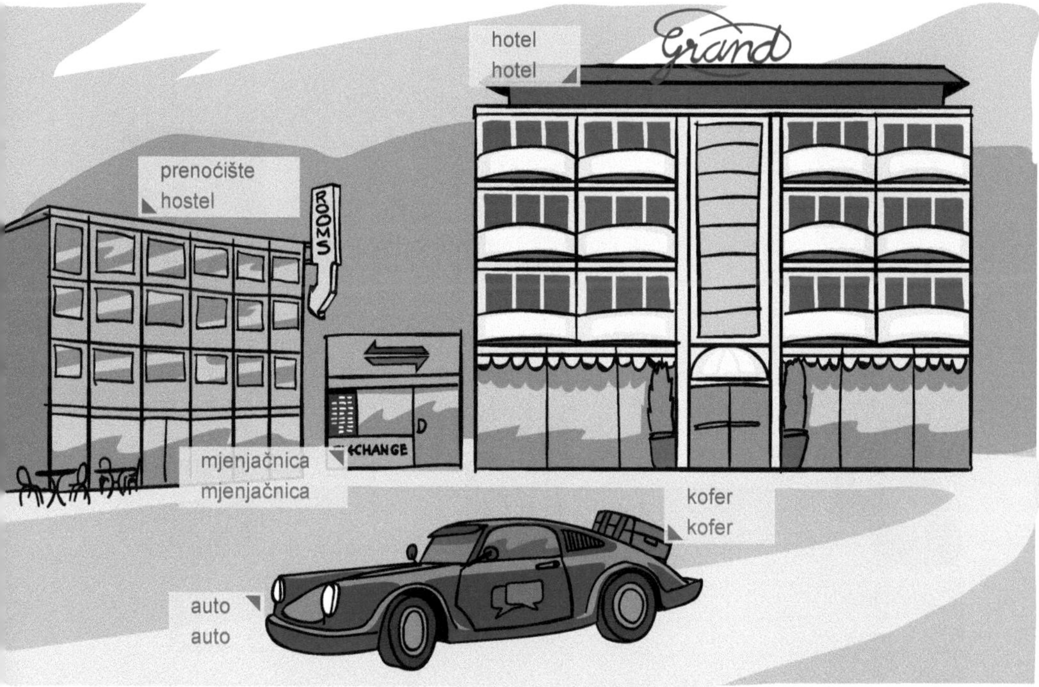

jezik

jezik

da / ne

da / ne

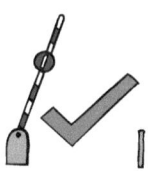

okay

okej

zdravo

zdravo

prevoditelj

tumač

hvala

hvala

Koliko košta...?

Koliko košta...?

ne razumijem

Ne razumijem

problem

problem

dobro veče!

dobro veče!

Dobro jutro!

Dobro jutro!

Laku noć!

Laku noć!

doviđenja

doviđenja

smjer

smjer

prtljaga

prtljag

torba

torba

ruksak

ruksak

gost

gost

soba

soba

vreća za spavanje

vreća za spavanje

šator

šator

turističke informacije

turističke informacije

plaža

plaža

kreditna kartica

kreditna kartica

doručak

doručak

ručak

ručak

večera

večera

karta za vožnju

putna karta

dizalo

lift

poštanska markica

poštanska markica

granica

granica

carina

carina

ambasada

ambasada

viza

viza

putovnica

pasoš

transport
transport

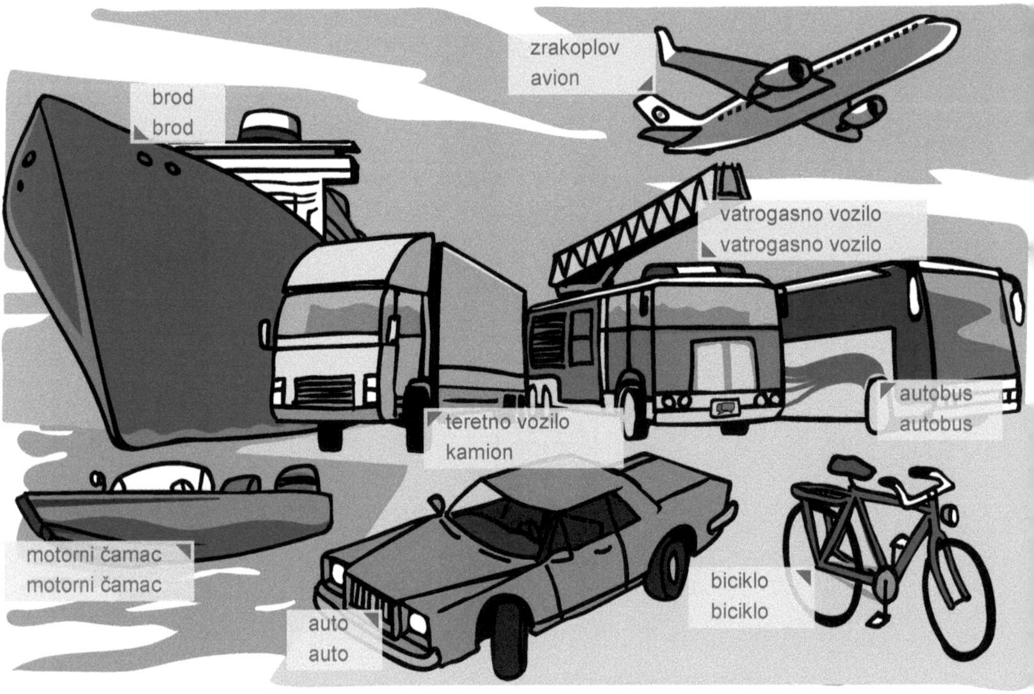
zrakoplov
avion
brod
brod
vatrogasno vozilo
vatrogasno vozilo
autobus
autobus
teretno vozilo
kamion
motorni čamac
motorni čamac
biciklo
biciklo
auto
auto

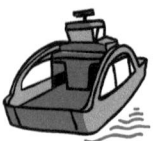

trajekt

trajekt

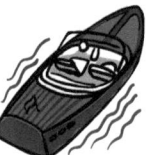

čamac

brod

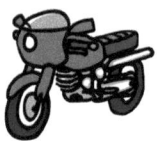

motocikl

motocikl

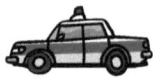

policijski auto

policijski automobil

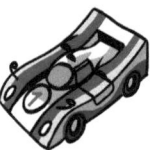

trkaći auto

trkaći automobil

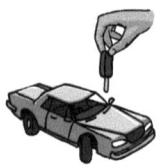

iznajmljeno auto

unajmljeni automobil

dijeljenje automobila

kar-šering

vučno vozilo

pauk

vozilo za odvoz smeća

smećarsko vozilo

motor

motor

benzin

gorivo

benzinska postaja

benzinska pumpa

prometni znak

saobraćajni znak

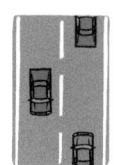

promet

saobraćaj

zastoj

zastoj

parkiralište

parking

kolodvor

željeznička stanica

šine

šine

vlak

voz

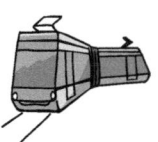

tramvaj

tramvaj

vagon

vagon

helikopter
helikopter

zrakoplovna luka
aerodrom

toranj
toranj

putnik
putnik

kontejner
kontejner

karton
karton

kolica
tačke

košara
korpa

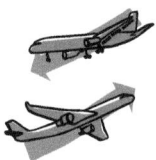

uzletjeti / sletjeti
poletjeti / sletjeti

grad

grad

selo
selo

centar grada
centar grada

kuća
kuća

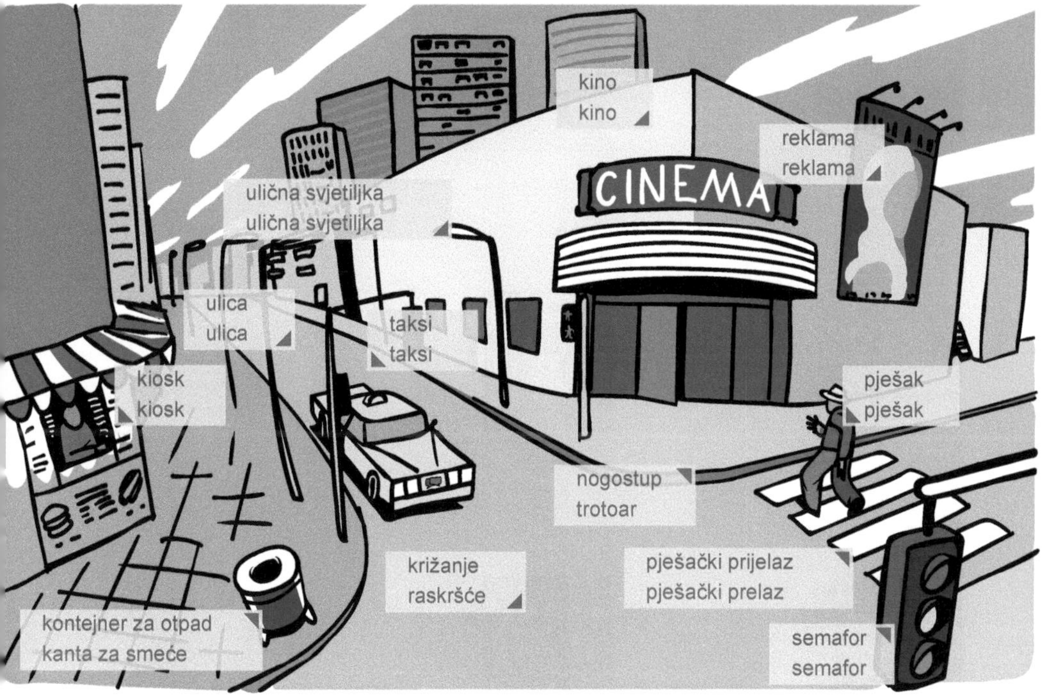
kino
kino
reklama
reklama
CINEMA
ulična svjetiljka
ulična svjetiljka
ulica
ulica
taksi
taksi
kiosk
kiosk
pješak
pješak
nogostup
trotoar
križanje
raskršće
pješački prijelaz
pješački prelaz
kontejner za otpad
kanta za smeće
semafor
semafor

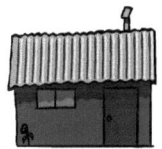

koliba

koliba

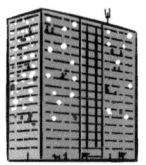

stan

stan

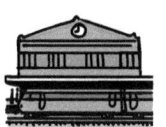

kolodvor

željeznička stanica

vijećnica

vjećnica

MUSEUM

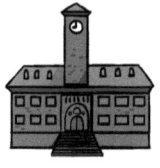

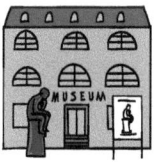

muzej

muzej

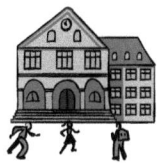

škola

škola

sveučilište

univerzitet

banka

banka

bolnica

bolnica

hotel

hotel

ljekarna

apoteka

ured

ured

knjižara

knjižara

prodavaonica

radnja

cvjećara

cvjećara

supermarket

supermarket

trg

pijaca

robna kuća

robna kuća

ribarnica

prodavač ribe

trgovački centar

trgovački centar

luka

luka

grad - grad

park

park

klupa

klupa

most

most

stepenice

stepenice

podzemna željeznica

podzemna željeznica

tunel

tunel

autobusna stanica

autobuska stanica

bar

bar

restoran

restoran

poštansko sanduče

poštanski sandučić

ulični znak

saobraćajni znak

parkirni sat

sat za naplatu parkinga

zoološki vrt

zološki vrt

bazen

bazen

džamija

džamija

grad - grad

seosko gazdinstvo

seosko imanje

zagađenje okoliša

zagađenje okoline

groblje

groblje

crkva

crkva

igralište

igralište

hram

hram

krajolik
krajolik

list
list

putokaz
putokaz

put
putokaz

livada
livada

kamen
kamen

šetač
putnik

drvo
drvo

rijeka
rijeka

trava
trava

cvijet
cvijet

dolina	planina	jezero
dolina	brdo	jezero
	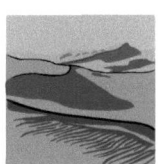	
šuma	pustinja	vulkan
šuma	pustinja	vulkan

dvorac	duga	gljiva
dvorac	duga	gljiva

palma	moskito	muha
palma	komarac	muha

mrav	pčela	pauk
mrav	pčela	pauk

buba

buba

žaba

žaba

vjeverica

vjeverica

jež

jež

zec

zec

sova

sova

ptica

ptica

labud

labud

divlja svinja

divlja svinja

jelen

jelen

los

los

nasip

brana

vjetrenjača

vjetrenjača

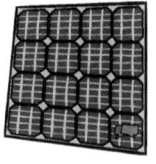

solarna ploča

solarni modul

klima

klima

restoran
restoran

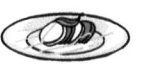

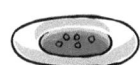

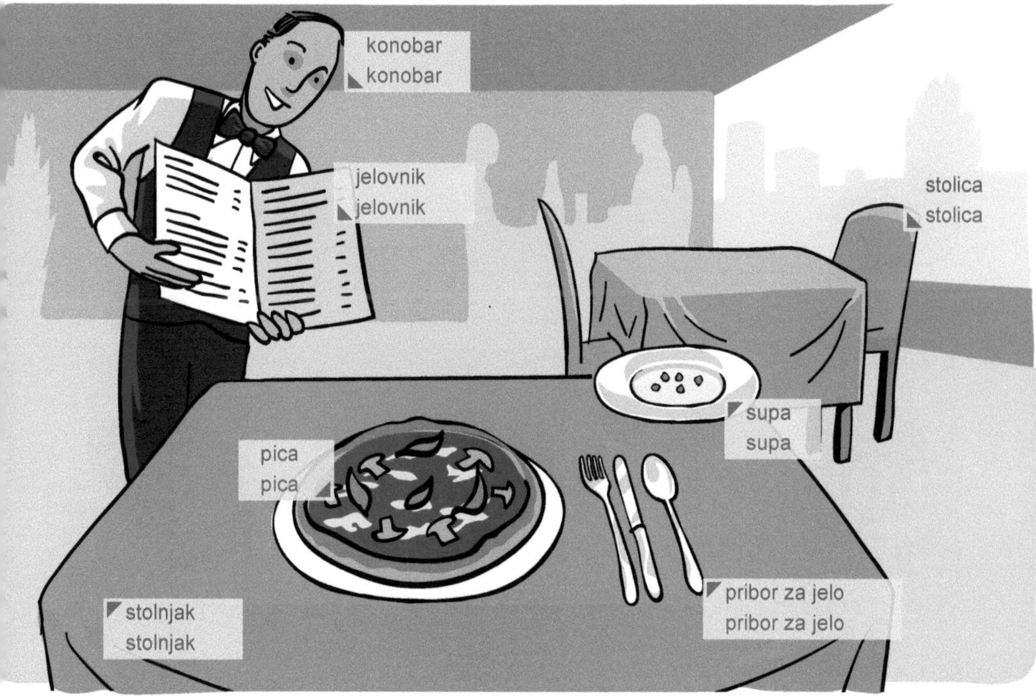
konobar
konobar
jelovnik
jelovnik
stolica
stolica
supa
supa
pica
pica
stolnjak
stolnjak
pribor za jelo
pribor za jelo

predjelo
predjelo

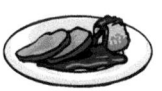

glavno jelo
glavno jelo

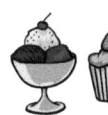

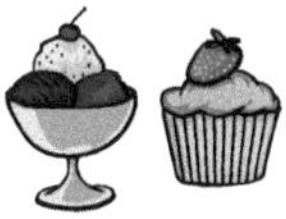

desert
desert

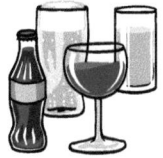

napitci
piće

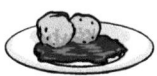

jelo
jelo

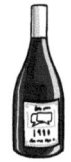

boca
flaša

fastfood

brza hrana

imbis hrana

jelo sa ulice

čajnik

čajnik

doza za šećer

šećernica

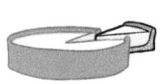

porcija

porcija

aparat za espresso

mašina za espreso

visoka stolica

barska stolica

račun

račun

pladanj

tacna

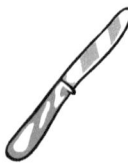

nož

nož

vilica

viljuška

žlica

kašika

čajna žlica

kašičica

ubrus

salveta

čaša

čaša

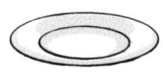

tanjur

tanjir

tanjur za supu

tanjir za supu

tanjurić

tanjurić

sos

sos

soljenka

solanik

mlin za biber

mlin za biber

ocat

sirće

ulje

ulje

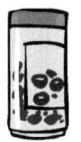

začini

začini

kečap

kečap

senf

senf

majoneza

majoneza

supermarket
supermarket

ponuda
ponuda
FOR
kupac
klijent
mliječni proizvodi
mliječni proizvodi
voće
voće
kolica za kupnju
kolica za kupovinu

BUTCHERS

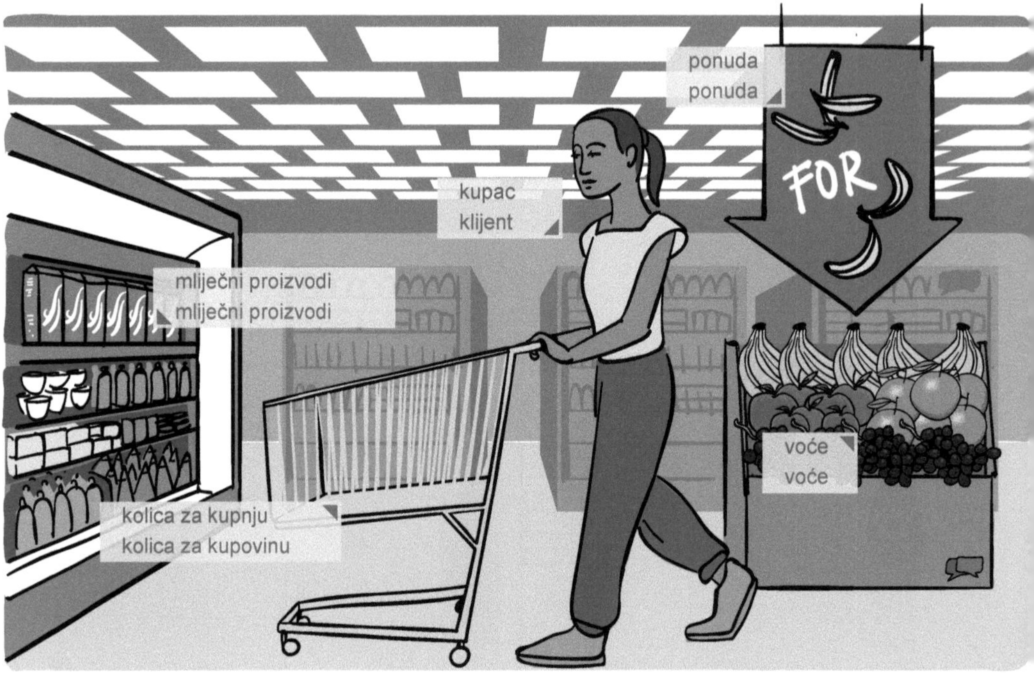

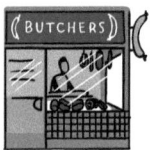

mesnica

mesnica- klaonica

BAKERY

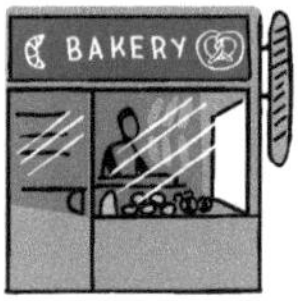

pekarnica

pekara

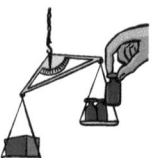

vagati

vagati

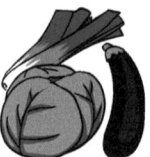

povrće

povrće

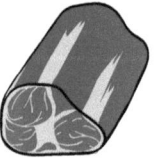

meso

meso

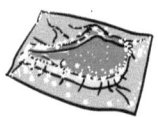

duboko smrznuta hrana

zaleđena hrana

narezak

narezak

konzerve

konzerve

sredstvo za pranje

prašak za veš

slatkiši

slatkiši

artikli za domaćinstvo

kućanski proizvodi

sredstva za čišćenje

sredstvo za čišćenje

prodavačica

prodavačica

blagajna

kasa

blagajnik

blagajnik

lista za kupnju

lista za kupovinu

vrijeme rada

radno vrijeme

novčanik

novčanik

kreditna kartica

kreditna kartica

torba

torba

plastična vrećica

najlonska vrećica

voda
voda

sok
sok

mlijeko
mlijeko

cola
kola

vino
vino

pivo
pivo

alkohol
alkohol

kakao
kakao

čaj
čaj

kava
kafa

espresso
espreso

cappuccino
kapućino

banana
banana

jabuka
jabuka

naranča
narandža

lubenica
lubenica

limun
limun

mrkva
mrkva

češnjak
bijeli luk

bambus
bambus

luk
crveni luk

gljiva
gljiva

orašasti plodovi
orašasti plodovi

rezanci
pasta

špagete

špagete

riža

riža

salata

salata

pomfrit

pomfrit

pečeni krumpir

pečeni krompir

pica

pica

hamburger

hamburger

sendvič

sendvič

šnicla

šnicla

pršut

šunka

salama

kobasica

kobasica

kobasica

kokoš

kokoš

pečenje

pečenje

riba

riba

zobene pahuljice

zobene pahuljice

musli

muzli

kukuruzne pahuljice

kornfleks

brašno

brašno

roščić

kroason

pecivo

zemičke

kruh

kruh

toast

tost

keksi

keksi

maslac

maslac

svježi sir

svježi sir

kolač

kolač

jaje

jaje

jaje na oko

jaje na oko

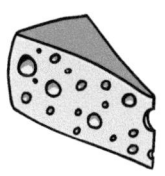

sir

sir

jelo - jelo

sladoled

sladoled

šećer

šećer

med

med

marmelada

marmelada

nugat krema

nugat krema

curry

kuri

seosko gazdinstvo
seosko imanje

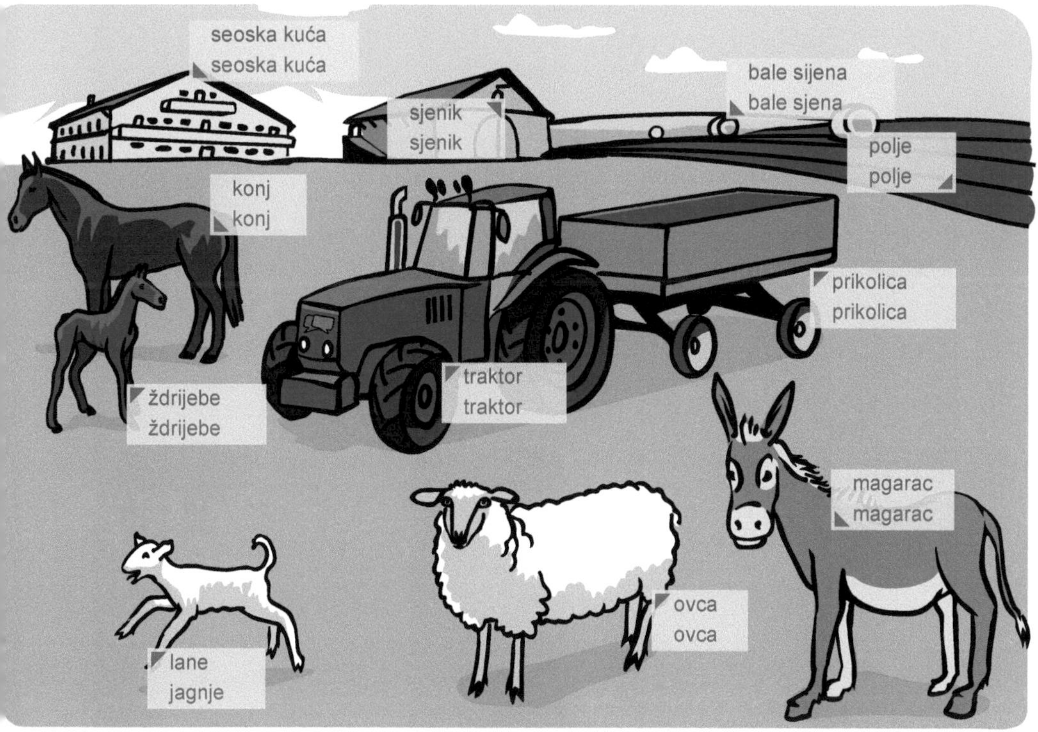
seoska kuća
seoska kuća
sjenik
sjenik
bale sijena
bale sjena
polje
polje
konj
konj
prikolica
prikolica
traktor
traktor
ždrijebe
ždrijebe
magarac
magarac
ovca
ovca
lane
jagnje

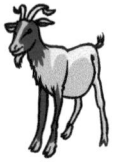

koza

koza

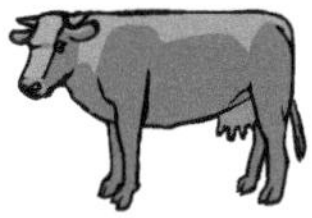

krava

krava

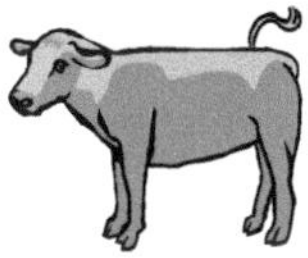

tele

tele

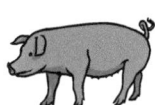

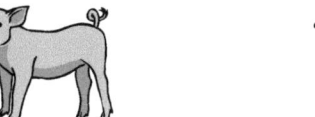

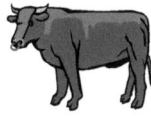

svinja

svinja

prase

prase

bik

bik

guska
guska

patka
patka

pilići
pile

kokoš
kokoška

pijetao
pjetao

pacov
pacov

mačka
mačka

miš
miš

vol
vol

pas
pas

kućica za psa
pseća kućica

vrtno crijevo
crijevo za baštu

kanta za polijevanje
kanta za zalijevanje

kosa
kosa

plug
plug

seosko gazdinstvo - seosko imanje

srp

srp

motika

motika

vilica za gnojivo

vile

sjekira

sjekira

tačke

tačke

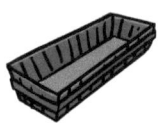

korito

korito

posuda za mlijeko

bokal za mlijeko

vreća

vreća

ograda

ograda

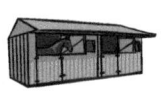

štala

štala

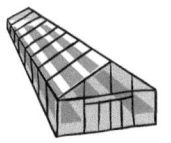

staklenik

staklenik

zemlja

tlo

sjeme

sjeme

gnojivo

đubrivo

kombajn

kombajn

seosko gazdinstvo - seosko imanje

žanjati

kositi

žetva

žetva

yams začin

jam korijen

pšenica

pšenica

soja

soja

krumpir

krompir

kukuruz

kukuruz

uljana repica

uljana repica

voćka

drvo voća

gomolj manioke

manioka

žitarice

žito

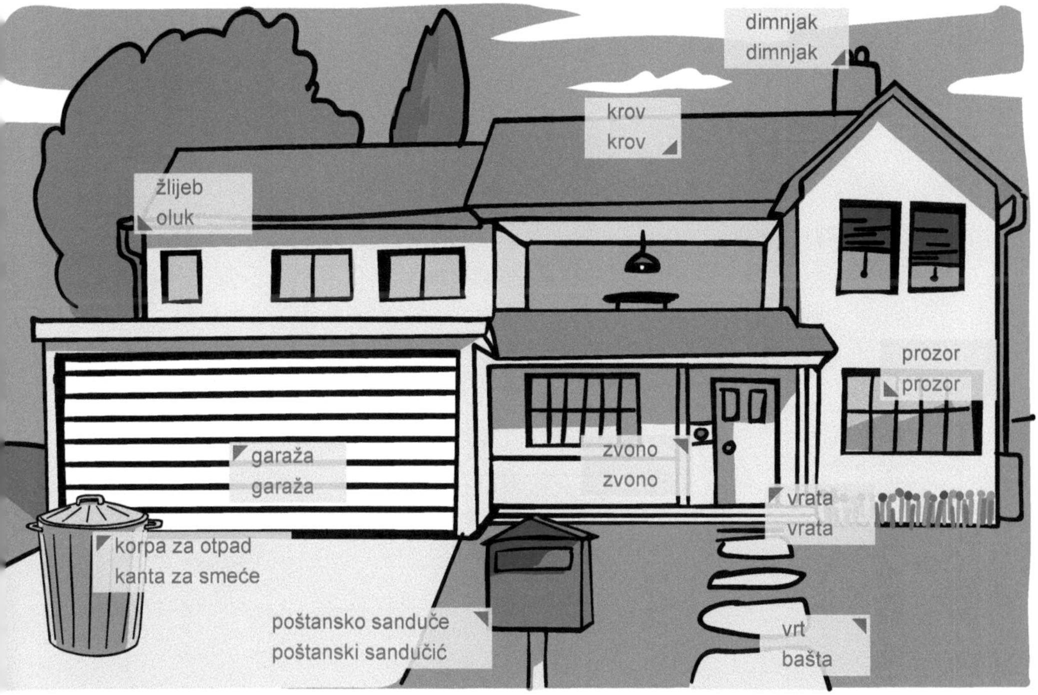

dimnjak
dimnjak

krov
krov

žlijeb
oluk

prozor
prozor

garaža
garaža

zvono
zvono

vrata
vrata

korpa za otpad
kanta za smeće

poštansko sanduče
poštanski sandučić

vrt
bašta

dnevna soba
dnevni boravak

kupaonica
kupatilo

kuhinja
kuhinja

spavaća soba
spavaća soba

dječija soba
dječija soba

trpezarija
trpezarija

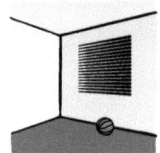

pod

pod, tlo

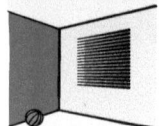

zid

zid

strop

plafon

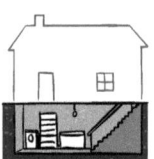

podrum

podrum

sauna

sauna

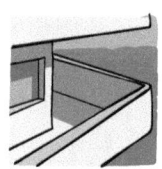

balkon

balkon

terasa

terasa

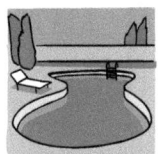

bazen

bazen

kosilica za travu

kosilica

posteljina za krevet

posteljina

deka za krevet

pokrivač

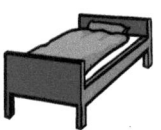

krevet

krevet

metla

metla

kanta

kanta

sklopka

prekidač

dnevna soba
dnevni boravak

tapeta
tapeta
slika
fotografija
svjetiljka
lampa
regal
polica
ormar
ormar
televizija
televizija
kamin
dimnjak
cvijet
cvijet
jastuk
jastuk
kauč
kauč
vaza
vaza
daljinski upravljač
daljinski upravljač

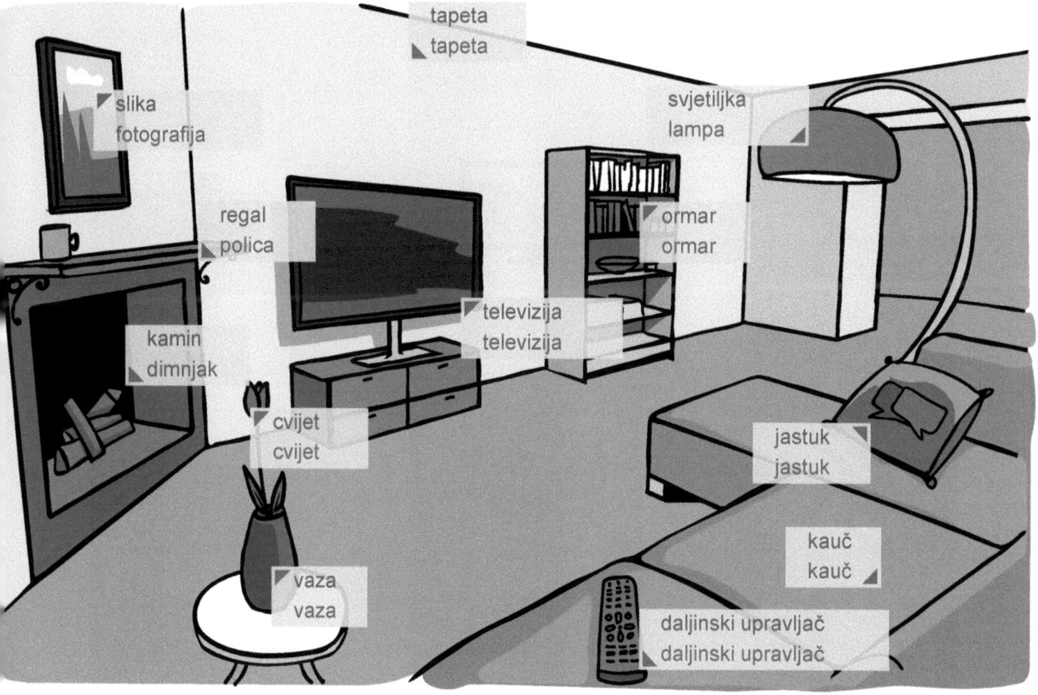

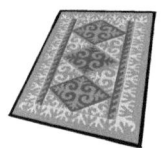

tepih

tepih

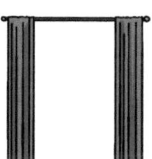

zavjesa

zavjesa

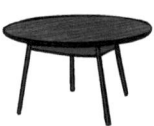

stol

stol

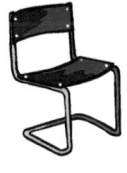

stolica

stolica

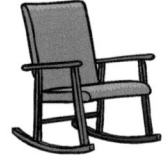

stolica za njihanje

stolica za ljuljanje

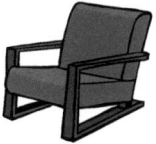

fotelja

fotelja

knjiga

knjiga

deka

deka

dekoracija

dekoracija

drvo za ogrjev

ložno drvo

film

film

stereo uređaj

stereo uređaj

ključ

ključ

novine

novine

slika na platnu

umjetnička slika

poster

poster

radio

radio

blok za pisanje

blok za bilješke

usisavač

usisavač

kaktus

kaktus

svijeća

svijeća

dnevna soba - dnevni boravak

kuhinja
kuhinja

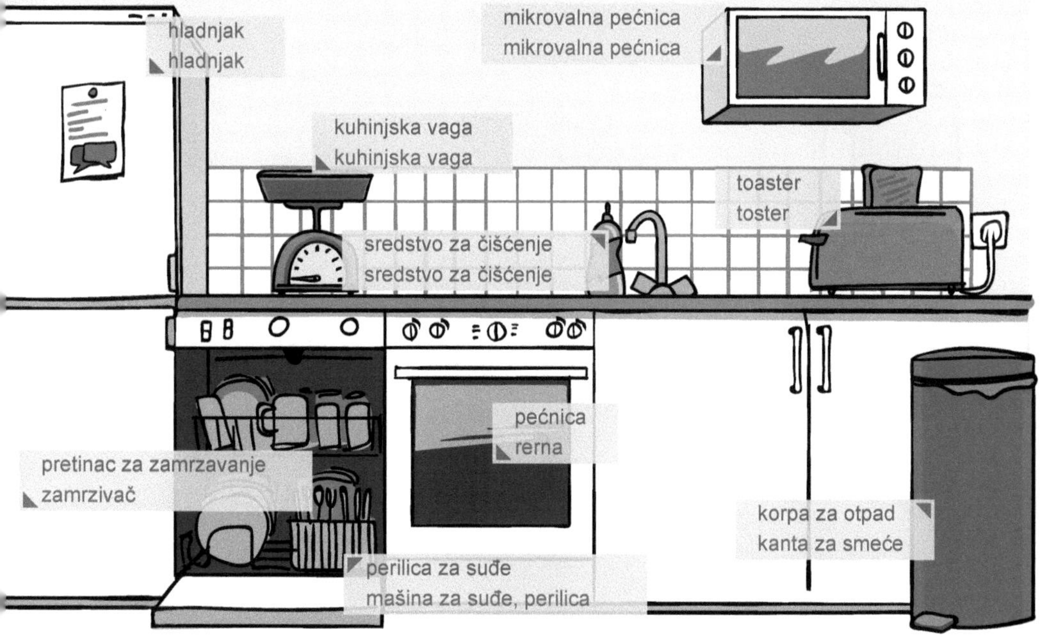
hladnjak
hladnjak
mikrovalna pećnica
mikrovalna pećnica
kuhinjska vaga
kuhinjska vaga
toaster
toster
sredstvo za čišćenje
sredstvo za čišćenje
pećnica
rerna
pretinac za zamrzavanje
zamrzivač
korpa za otpad
kanta za smeće
perilica za suđe
mašina za suđe, perilica

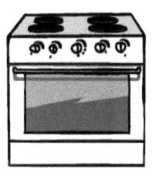

štednjak

peć

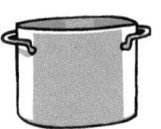

lonac

lonac

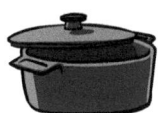

željezni lonac

metalni lonac

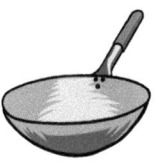

wok / kadai

vok / kadai

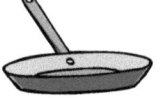

tava

tava, tiganj

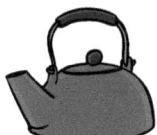

kuhalo za vodu

kuhalo

kuhalo na paru

aparat za kuhanje na pari

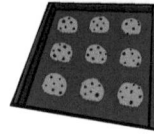

lim za pečenje

lim za pečenje

posuđe

posuđe

čaša

šalica

zdjela

činija

štapići za jelo

kineski štapići

kutljača

kutlača

lopatica

lopatica

pjenjača

metlica za snijeg bjelanjca

sito za kuhanje

sito za kuhanje

sito

sito

ribež

ribež

mužar

avan s tučkom

roštilj

roštilj

ognjište

ložište

daska

daska

oklagija

oklagija

vadičep

vadičep

konzerva

konzerva

otvarač konzervi

otvarač za konzerve

krpa za lonac

krpe za lonac

sudoper

sudoper

četka

četka

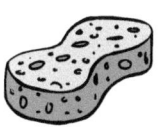

spužva

spužva

mikser

mikser

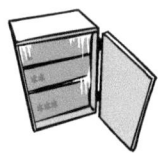

zamrzivač

zamrzivač

bočica za bebe

flašica za bebu

slavina za vodu

slavina

kupaonica
kupatilo

grijanje
grijanje
ručnik
peškir
tuš
tuš
zavjesa za tuš
zavjesa za tuš
pjenušava kupka
pjenušava kupka
kada
kada
čaša
čaša
perilica za rublje
mašina za veš
slavina za vodu
slavina
pločice
pločice
dječja kahlica
dječja kahlica
sudoper
sudoper

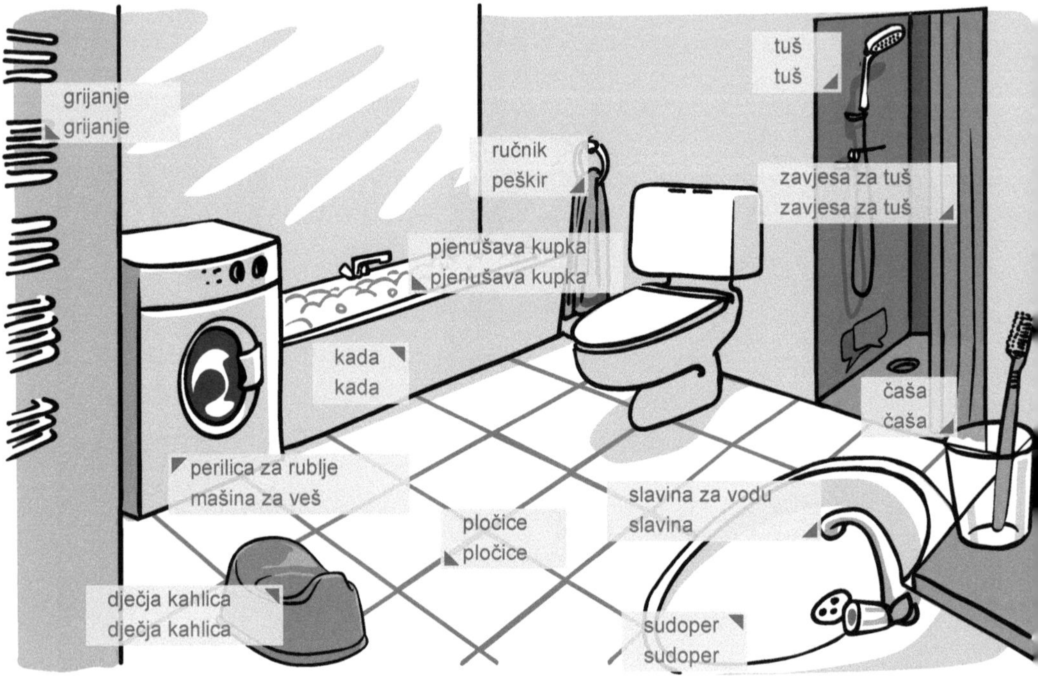

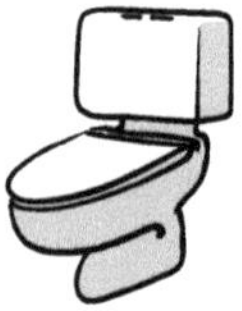

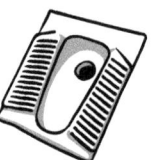

toalet

toalet

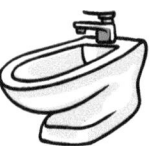

čučavac

čučavac

bidet

bide

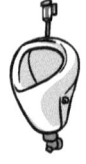

pisoar

pisoar

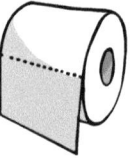

papir za toalet

toalet papir

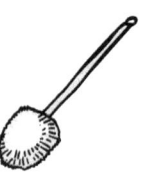

četka za toalet

četka za wc

četkica za zube
....
četkica za zube

pasta za zube
....
pasta za zube

konac za zube
....
zubni konac

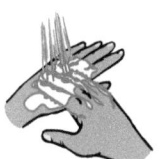

prati
....
prati

tuš ručica
....
tuš

tuš za pranje intimnih
dijelova
....
intimni tuš

lavor
....
lavor

četka za pranje leđa
....
četka za leđa

sapun
....
sapun

gel za tuširanje
....
gel za tuširanje

šampon
....
šampon

krpa za pranje
....
krpe za pranje

odvod
....
odvod

krema
....
krema

dezodorans
....
dezodorans

ogledalo
ogledalo

kozmetičko ogledalo
ogledalo za šminkanje

brijač
brijač

pjena za brijanje
pjena za brijanje

losion za poslije brijanja
vodica poslije brijanja

češalj
češalj

četka
četka

sušilo za kosu
fen

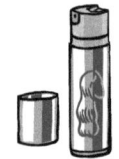

sprej za kosu
sprej za kosu

makeup
puder

ruž za usne
karmin

lak za nokte
lak za nokte

vata
vata

škare za nokte
makazice za nokte

parfem
parfem

neseser

kozmetička torbica

stolica

hoklica

vaga

vaga

ogrtač

kupaći ogrtač

rukavice za čišćenje

rukavice za čišćenje

tampon

tampon

uložak

uložak za dame

kemijski toalet

hemijski toalet

dječija soba
dječija soba

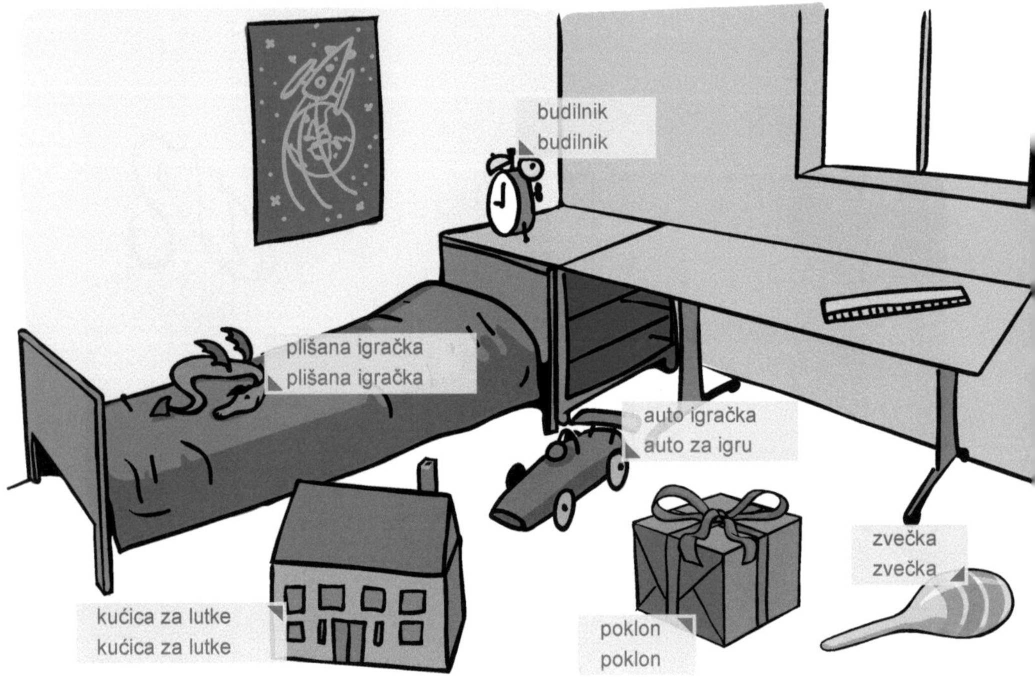
budilnik
budilnik
plišana igračka
plišana igračka
auto igračka
auto za igru
zvečka
zvečka
kućica za lutke
kućica za lutke
poklon
poklon

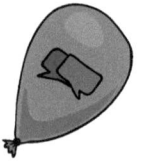

balon

balon

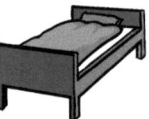

krevet

krevet

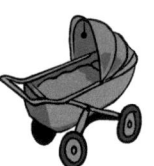

dječija kolica

kolica za djecu

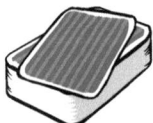

igra s kartama

karte za igranje

slagalica

puzle

SUPER
MEGA

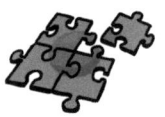

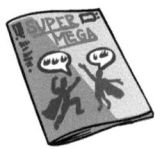

strip

strip

lego kockice

lego kockice

kockice za slaganje

kockice za gradnju

akcioni junak

akcione figure

kombinezon za bebe

benkica

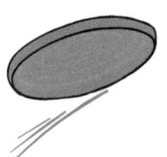

frizbi

frizbi

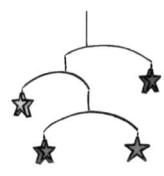

viseće igračke

mobile

društvene igre

igra na ploči

kocka

kocka

minijaturna željeznica

miniatura željeznice

duda

cucla

tulum

zabava

slikovnica

slikovnica

lopta

lopta

lutka

lutka

igrati

igrati

pješčanik

pješćanik

ljuljačka

ljuljačka

igračka

igračke

konzola za igre

konzola za igru

tricikl

triciklo

plišani medo

medvjedić

ormar

ormar

kratke čarape

kratke čarape

čarape

čarape

hulahopke

hulahopke

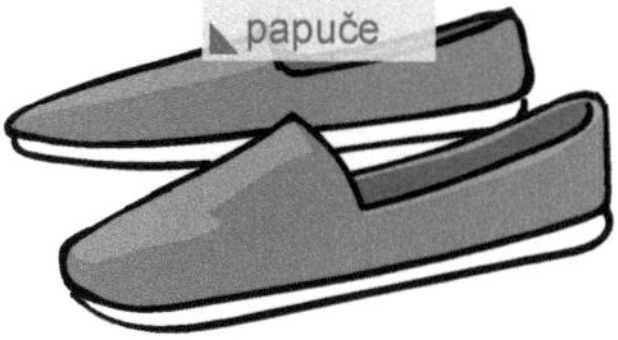

šal
šal

kaiš
kaiš

kišobran
kišobran

t-shirt
majica kratkih rukava

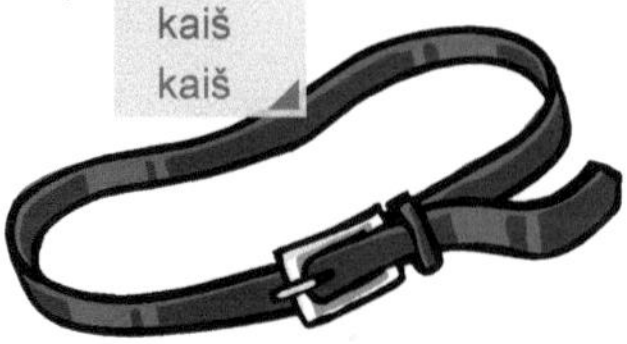

patike
patike

čizme
čizme

papuče
papuče

sandale
sandale

cipele
cipele

gumene čizme
gumene čizme

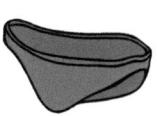

gaćice
gaće

grudnjak
grudnjak

potkošulja
potkošulja

odjeća - odjeća

bodi
bodi

hlače
hlače

džins
farmerke

haljina
suknja

bluza
bluza

košulja
košulja

džemper
džemper

pulover s kapuljačom
majica

blejzer
sako

jakna
jakna

kaput
mantil

kabanica
kišni mantil

kostim
kostim

haljina
haljina

vjenčanica
vjenčanica

odijelo
....
odijelo

spavaćica
....
spavaćica

pidžama
....
pidžama

sari
....
sari

rubac
....
marama

turban
....
turban

burka
....
burka

kaftan
....
kaftan

abaja
....
abaja

kupaći kostim
....
kupaći kostim

kupaće gaćice
....
kupaće gaće

kratke hlače
....
kratke hlače

odjeća za trening
....
trenerka

pregača
....
pregača

rukavice
....
rukavice

gumb

dugme

naočale

naočare

narukvica

narukvica

ogrlica

ogrlica

prsten

prsten

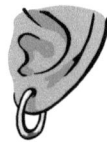

naušnica

naušnica

kapa

kapa

vješalica

vješalica

šešir

šešir

kravata

kravata

patent zatvarač

patentni zatvarač

kaciga

kaciga

naramenice

tregeri za hlače

školska uniforma

školska uniforma

uniforma

uniforma

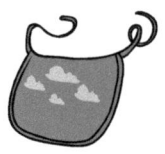

podbradak

podbradak

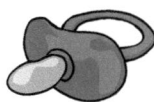

duda

cucla

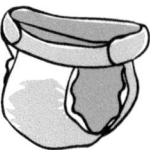

pelena

pelene

ured

ured

server
server
ormar za spise
ormar za kartoteku
pisač
štampač
papir
papir
monitor
monitor
pisaći stol
pisaći sto
miš
miš
mapa
registrator
tipkovnica
tastatura
košara za papir
korpa za papir
računar
kompjuter
stolica
stolica

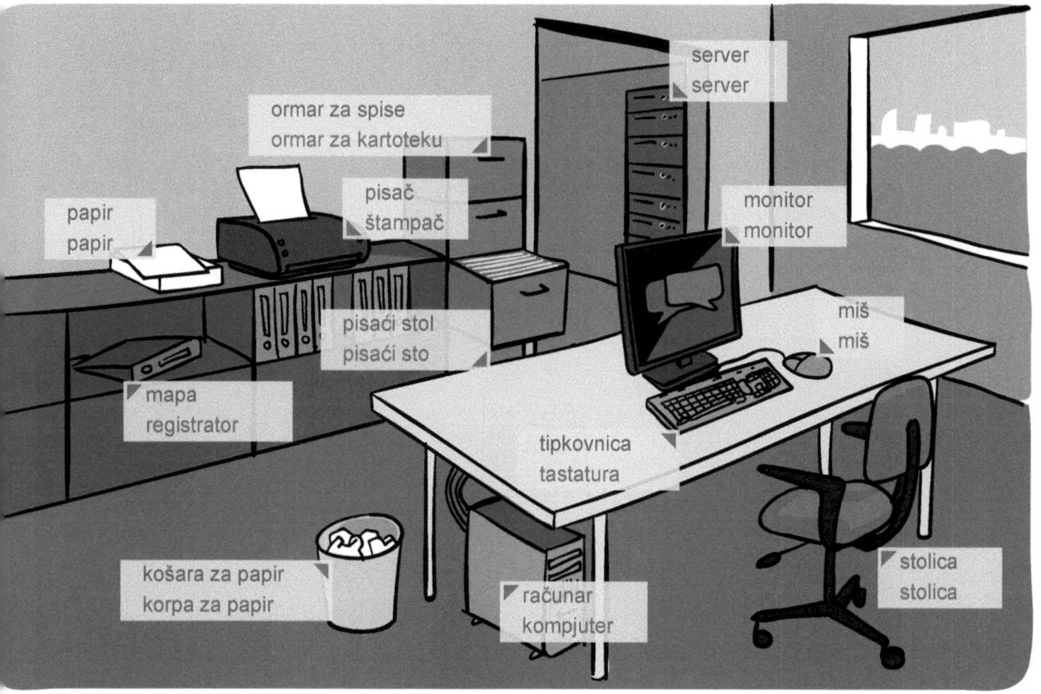

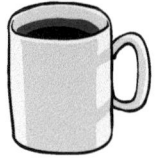

šalica za kavu

šolja za kafu

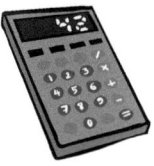

kalkulator

kalkulator

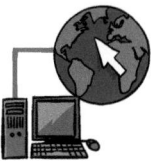

internet

internet

laptop

laptop

pismo

pismo

poruka

poruka

mobilni telefon

mobilni telefon

mreža

mreža

uređaj za kopiranje

aparat za kopiranje

softver

softver

telefon

telefon

utičnica

utičnica

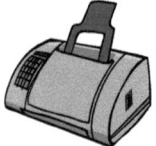

faks

faks

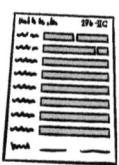

obrazac

formular

dokument

dokument

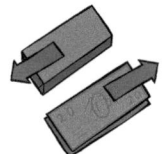

kupovati

kupovati

platiti

platiti

trgovati

trgovati

novac

novac

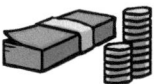

dolar

dolar

euro

euro

jen

jen

rubalj

rublja

švicarski franak

franak

renmindbi yuan

renminbi jen

rupija

rupi

automat za novac

bankomat

mjenjačnica

mjenjačnica

zlato

zlato

srebro

srebro

nafta

nafta

energija

energija

cijena

cijena

ugovor

ugovor

porez

porez

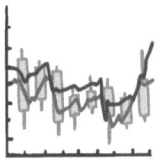

dionica

akcija

raditi

raditi

službenik

službenik

poslodavac

poslodavac

tvornica

fabrika

prodavaonica

radnja

policajac
policajac

vatrogasac
vatrogasac

kuhar
kuhar

liječnik
ljekar

pilot
pilot

vrtlar
baštovan

stolar
stolar

krojačica
krojačica

sudija
sudija

kemičar
hemičar

glumac
glumac

vozač autobusa
vozač autobusa

vozač taksija
vozač taksija

ribar
ribar

čistačica
čistačica

krovopokrivač
krovopokrivač

konobar
konobar

lovac
lovac

slikar
moler

pekar
pekar

električar
električar

građevinski radnik
građevinski radnik

inženjer
inženjer

mesar
koljač

limar
limar, vodoinstalater

poštar
poštar

vojnik

vojnik

arhitekta

arhitekta

blagajnik

blagajnik

cvjećar

cvjećar

frizer

frizer

kondukter

kontrolor

mehaničar

mehaničar

kapetan

kapiten

zubar

zubar

znanstvenik

naučnik

rabi

rabin

imam

imam

monah

monah

svećenik

sveštenik

alati

alat

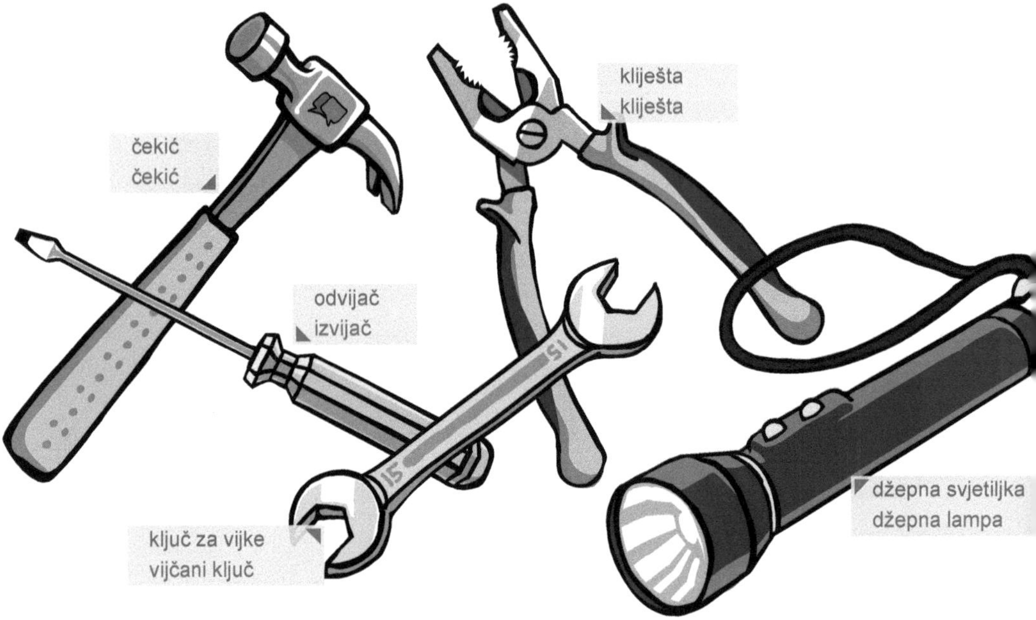
klliješta
kliješta
čekić
čekić
odvijač
izvijač
ključ za vijke
vijčani ključ
džepna svjetiljka
džepna lampa

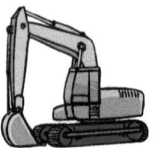

rovokopač

bager

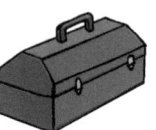

kutija za alat

kutija sa alatom

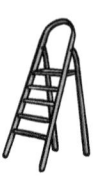

ljestve

ljestve

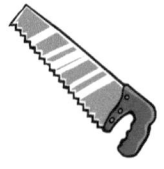

pila

testera, pila

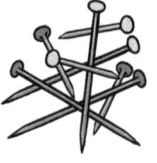

ekser

ekser

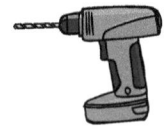

bušilica

bušilica

popraviti

popraviti

lopata

lopata

Sranje!

sranje!

lopatica

lopatica

lonac za boju

kanta boje

vijci

vijak

glazbeni instrument
muzički instrumenti

zvučnik
zvučnik

bubnjevi
bubnjevi

gitara
gitara

kontrabas
kontrabas

truba
truba

klavir

klavir

violina

violina

bas

bas

timpani

bubanj timpani

udaraljke za bubnjeve

bubanj

keyboard

sintisajzer

saksofon

saksofon

flauta

flauta

mikrofon

mikrofon

zoološki vrt
zološki vrt

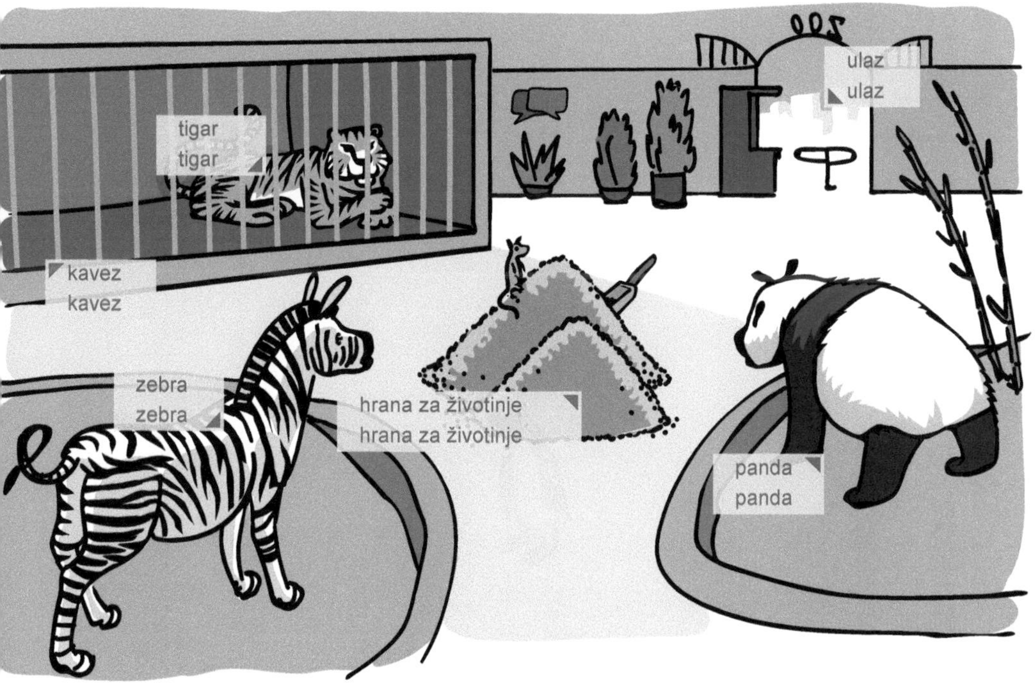

ulaz
ulaz
tigar
tigar
kavez
kavez
zebra
zebra
hrana za životinje
hrana za životinje
panda
panda

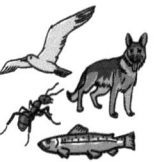

životinje

životinje

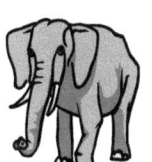

slon

slon

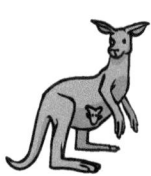

kengur

kengur

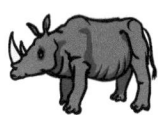

nosorog

nosorog

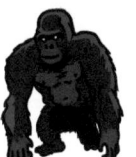

gorila

gorila

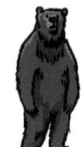

medvjed

medvjed

kamila

kamila

noj

noj

lav

lav

majmun

majmun

flamingo

flamingo

papagaj

papagaj

polarni medvjed

polarni medvjed

pingvin

pingvin

ajkula

morski pas

paun

paun

zmija

zmija

krokodil

krokodil

čuvar u zoološkom vrtu

čuvar u zološkom vrtu

tuljan

tuljan

jaguar

jaguar

poni

poni

leopard

leopard

nilski konj

nilski konj

žirafa

žirafa

orao

orao

divlja svinja

divlja svinja

riba

riba

kornjača

kornjača

morž

morž

lisica

lisica

gazela

gazela

američki nogomet
američki fudbal

biciklizam
vožnja bicikla

tenis
tenis

košarka
košarka

plivanje
plivanje

boks
boks

hockey na ledu
hokej na ledu

nogomet
fudbal

badminton
bedminton

atletika
laka atletika

rukomet
rukomet

skijanje
skijanje

polo
polo

aktivnosti
aktivnosti

smijati se
smijati se
skočiti
skakati
zagrliti
zagrliti
ići
ići
pjevati
pjevati
sanjati
sanjati
moliti se
moliti
poljubiti
ljubiti

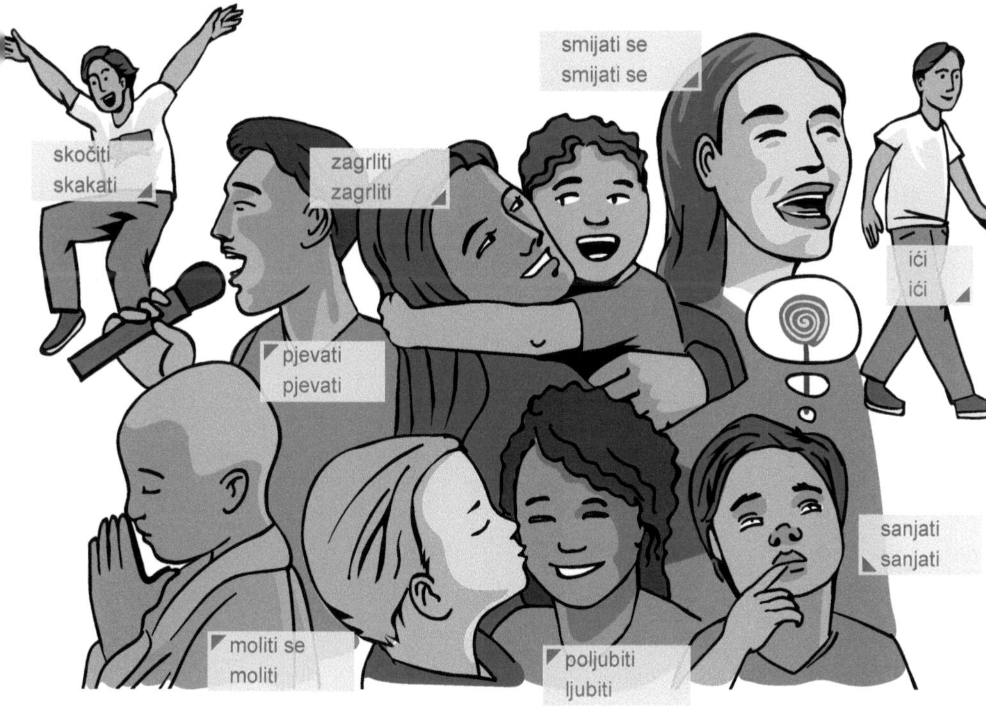

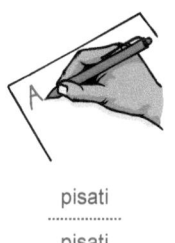

pisati

pisati

crtati

crtati

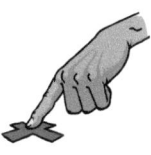

pokazati

pokazati

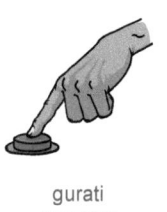

gurati

gurati

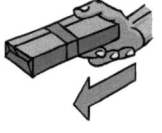

dati

dati

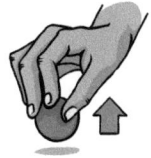

uzeti

uzeti

imati
imati

činiti
raditi

biti
biti

stojati
stajati

trčati
trčati

povlačiti
vući

baciti
baciti

padati
pasti

ležati
ležati

čekati
čekati

nositi
nositi

sjediti
sjediti

oblačiti
obući

spavati
spavati

probuditi se
probuditi

gledati

pogledati

plakati

plakati

milovati

milovati

češljati

češljati

govoriti

govoriti

razumjeti

razumjeti

pitati

pitati

slušati

slušati

piti

piti

jesti

jesti

pospremiti

pospremiti

voljeti

voljeti

kuhati

kuhati

voziti

voziti

letjeti

letjeti

aktivnosti - aktivnosti

ploviti

jedriti

računati

računati

čitati

čitati

učiti

učiti

raditi

raditi

vjenčati se

vjenčavti

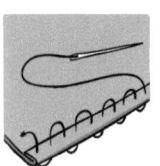

šiti

šiti

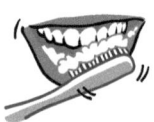

prati zube

prati zube

ubiti

ubiti

pušiti

pušiti

poslati

slati

baka
baka

djed
djed

otac
otac

majka
majka

beba
beba

kćerka
kćerka

sin
sin

gost
gost

tetka
ujna, tetka, strina

ujak, stric
ujak, tetak, stric

brat
brat

sestra
sestra

tijelo

tijelo

čelo
čelo
oko
oko
rame
leđa
prst
prst
lice
lice
brada
brada
ruka
ruka, šaka
noga
noga
grudi
grudi
ruka
ruka

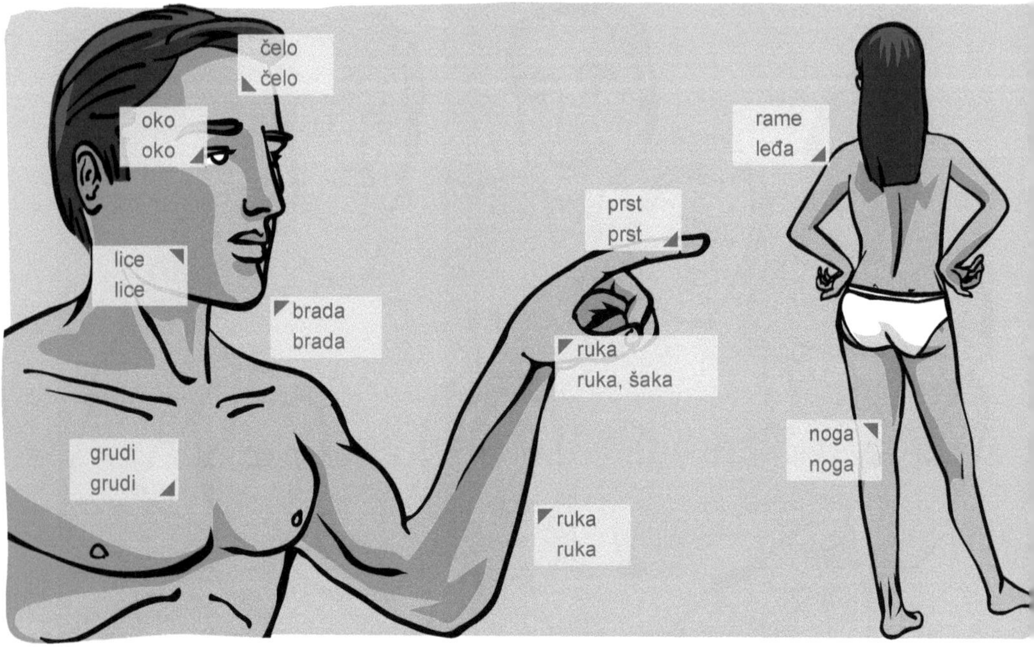

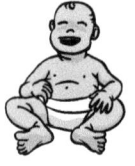

beba
beba

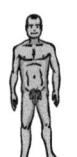

muškarac
muškarac

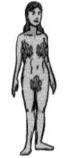

žena
žena

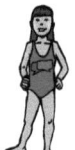

djevojčica
djevojčica

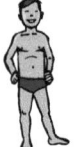

dječak
dječak

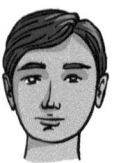

glava
glava

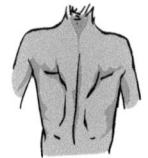

leđa
leđa

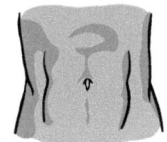

trbuh
stomak

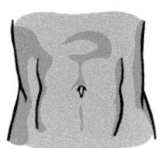

pupak
pupak

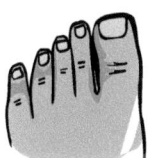

nožni prst
nožni prst

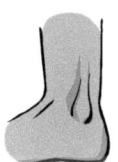

peta
peta

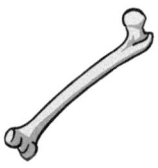

kost
kosti

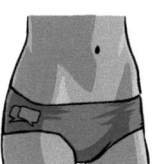

kuk
kuk

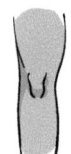

koljeno
koljeno

lakat
lakat

nos
nos

stražnjica
stražnjica

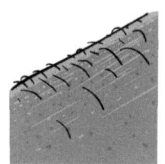

koža
koža

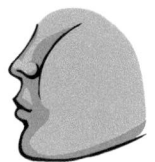

obraz
obraz

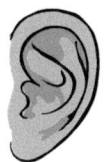

uho
uho

usna
usna

usta
usta

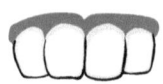

zub
zub

jezik
jezik

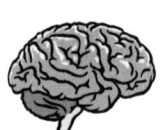

mozak
mozak

srce
srce

mišić
mišić

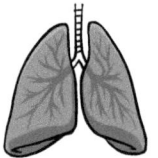

pluća
pluća

jetra
jetra

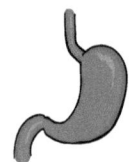

želudac
želudac

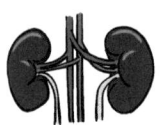

bubrezi
bubreg

snošaj
spolni odnos

kondom
kondom

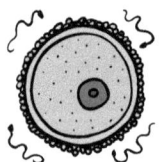

jajna stanica
jajna ćelija

sperma
sperma

trudnoća
trudnoća

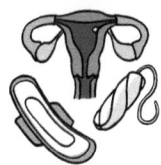

menstruacija

menstruacija

vagina

vagina

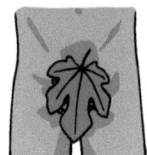

penis

penis

obrva

obrva

kosa

kosa

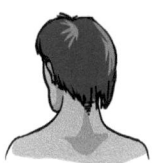

vrat

vrat

bolnica
bolnica

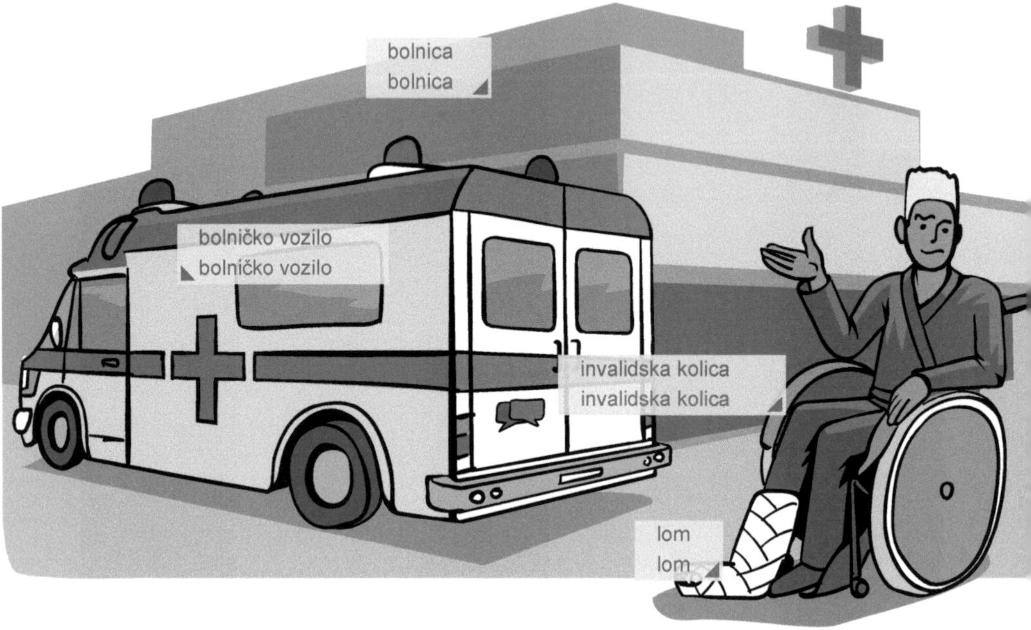

bolničko vozilo
bolníčko vozilo

invalidska kolica
invalidska kolica

lom
lom

liječnik

ljekar

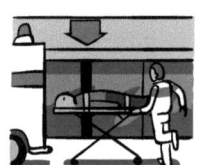

hitna medicinska služba

hitna služba

medicinska sestra

medicinska sestra

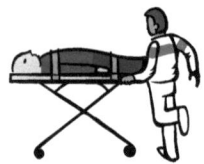

hitni slučaj

hitna pomoć

nesvijest

nesvjest

bol

bol

ozljeda
....
povreda

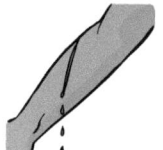

krvarenje
....
krvarenje

srćani infarkt
....
srčani udar, infarkt

moždani udar
....
moždani udar

alergija
....
alergija

kašalj
....
kašalj

groznica
....
groznica

gripa
....
gripa

proljev
....
proljev

glavobolja
....
glavobolja

rak
....
rak

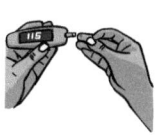

dijabetes
....
dijabetes

kirurg
....
hirurg

skalpel
....
skalpel

operacija
....
operacija

ct
....
CT

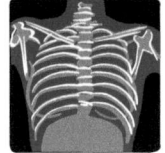

rentgen
....
rendgen

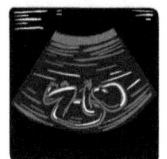

ultrazvuk
....
ultrazvuk

maska
....
maska

bolest
....
bolest

čekaonica
....
čekaonica

štaka
....
štake

flaster
....
flaster

zavoj
....
zavoj

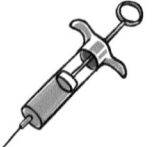

injekcija
....
injekcija

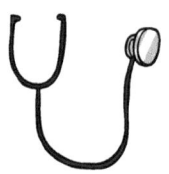

stetoskop
....
stetoskop

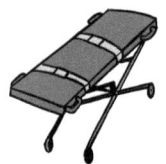

nosilo
....
nosilo

termometar
....
termometar

rođenje
....
porod

prekomjerna težina
....
prekomjerna težina, debljina

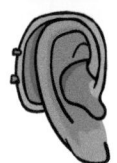

slušni aparat

slušni aparat

sredstvo za dezinfekciju

sredstvo za dezinfekciju

infekcija

infekcija

virus

virus

hiv / sida

HIV/ AIDS

medicina

medicina

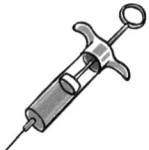

vakcinacija

vakcinacija

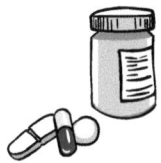

tablete

tablete

pilula

pilula

poziv u pomoć

hitni poziv

uređaj za mjerenje tlaka

aparat za mjerenje pritiska

bolesno / zdravo

bolestan / zdrav

pomoć!

Upomoć!

alarm

alarm

nasrtaj

napad, prepad

napad

napad

opasnost

opasnost

izlaz za nuždu

izlaz u slučaju opasnosti

požar!

Požar!

vatrogasni aparat

vatrogasni aparat

nezgoda

nezgoda

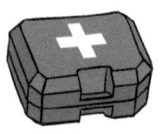

kofer prve pomoći

torba prve pomoći

sos

SOS

policija

policija

sjeverna amerika

Europa

Europa

sjeverna amerika

Sjeverna Amerika

južna amerika

Južna Amerika

Afrika

Afrika

Azija

Azija

Australija

Australija

Atlantik

Atlantik

Pacifik

Pacifik

ocean

Indijski okean

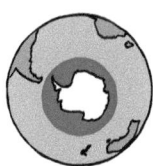

antarktički ocean

Antarktički okean

arktički ocean

Arktički okean

sjeverni pol

Sjeverni pol

južni pol

Južni pol

Antarktik

Antarktik

zemlja

Zemlja

zemlja

zemlja

more

more

otok

ostrvo

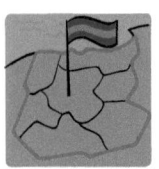

nacija

nacija

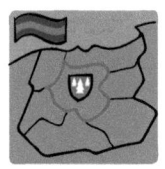

država

država

brojčanik sata

brojčanik sata

satna kazaljka

kazaljka sata

minutna kazaljka

kazaljka minute

sekundna kazaljka

kazaljka sekunde

Koliko je sati?

Koliko je sati?

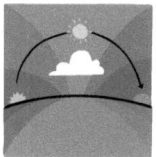

dan

dan

vrijeme

vrijeme

sada

sada

digitalni sat

digitalni sat

minuta

minuta

sat

sat

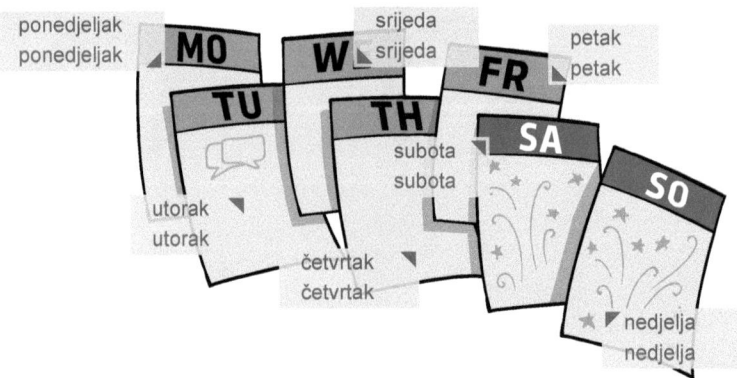

jučer

juče

danas

danas

sutra

sutra

jutro

jutro

podne

podne

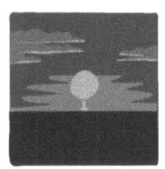

večer

veče

MO	TU	WE	TH	FR	SA	SU
1	2	3	4	5	6	7
8	9	10	11	12	13	14
15	16	17	18	19	20	21
22	23	24	25	26	27	28
29	30	31	1	2	3	4

radni dani

radni dani

MO	TU	WE	TH	FR	SA	SU
1	2	3	4	5	6	7
8	9	10	11	12	13	14
15	16	17	18	19	20	21
22	23	24	25	26	27	28
29	30	31	1	2	3	4

vikend

vikend

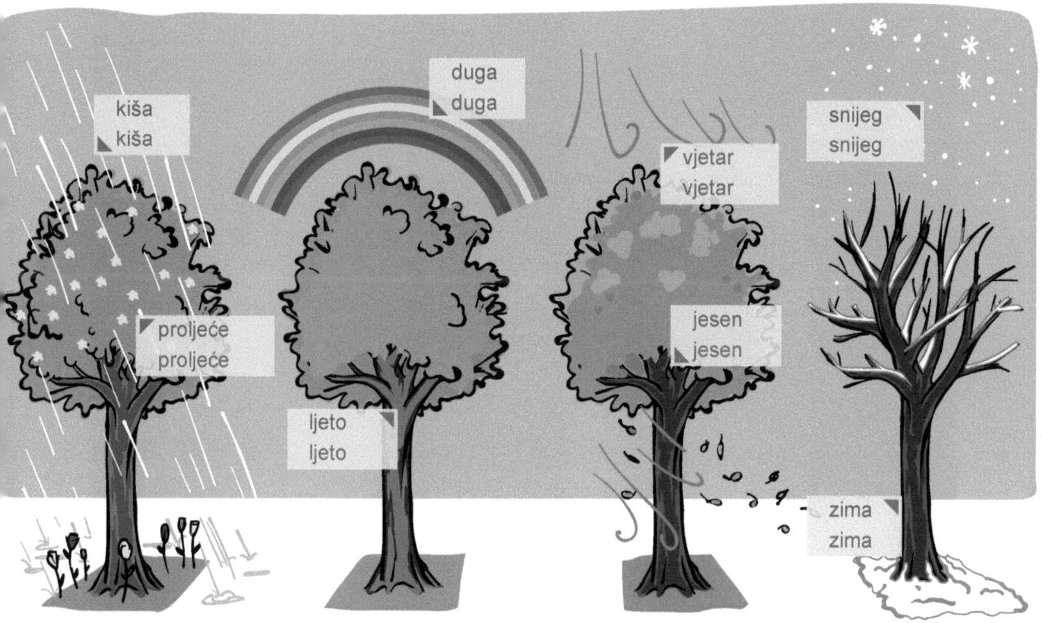

kiša
kiša
duga
duga
vjetar
vjetar
snijeg
snijeg
proljeće
proljeće
ljeto
ljeto
jesen
jesen
zima
zima

4.APRIL 11°
5.APRIL 4°
6.APRIL 13°
7.APRIL 8°
8.APRIL 10°

meteorološka prognoza

prognoza vremena

termometar

termometar

sunčana svjetlost

sunčev sjaj

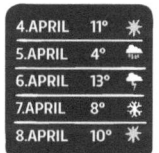

oblak

oblak

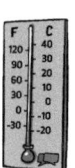

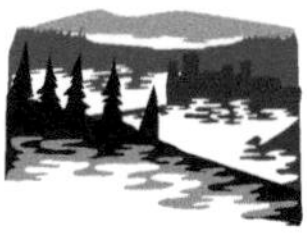

magla

magla

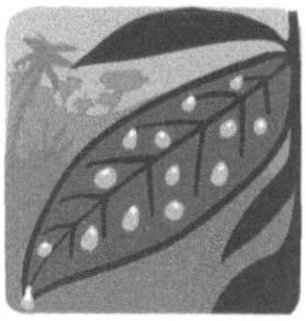

vlažnost zraka

vlažnost vazduha

munja

munja

grmljavina

grom

oluja

oluja

tuča

tuča, led

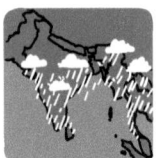

monsun

monsun

poplava

poplava

led

led

siječanj

januar

veljača

februar

ožujak

mart

travanj

april

svibanj

maj

lipanj

juni

srpanj

juli

kolovoz

avgust

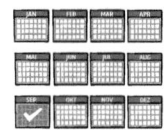

rujan
....
septembar

listopad
....
oktobar

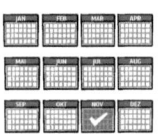

studeni
....
novembar

prosinac
....
decembar

krug
....
krug

kvadrat
....
kvadrat

pravokutnik
....
pravougao

trokut
....
trougao

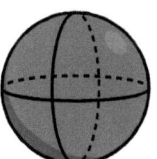

kugla
....
kugla

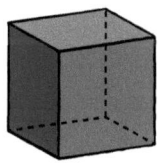

kocka
....
kocka

bijela
....
bjel

žuta
....
žut

narančasta
....
narandžast

ružičasta
....
pink

crvena
....
crven

ljubičasta
....
ljubičast

plava
....
plav

zelena
....
zelen

smeđa
....
smeđ

siva
....
siv

crna
....
crn

mnogo / malo

malo / mnogo

ljutito / mirno

ljutit / miran

lijepo / ružno

lijep / ružan

početak / kraj

početak / kraj

veliko / maleno

veliki / mali

svijetlo / tamno

svijetlo / tamno

brat / sestra

brat / sestra

čisto / prljavo

čist / prljav

potpuno / nepotpuno

potpun / nepotpun

dan / noć

dan / noć

mrtvo / živo

mrtav / živ

široko / usko

široko / usko

jestivo / nejestivo

ukusno / neukusno

zlo / dobro

zao / prijatan

uzbuđeno / dosadno

uzbuđen / dosadan

debelo / mršavo

debeo / mršav

na početku / na kraju

najprije / najkasnije

prijatelj / neprijatelj

prijatelj / neprijatelj

puno / prazno

pun / prazan

tvrdo / mekano

trvd / mekan

teško / lagano

težak / lagan

glad / žeđ

glad / žeđ

bolesno / zdravo

bolestan / zdrav

ilegalno / legalno

ilegalan / legalan

pametno / glupo

inteligentan / glup

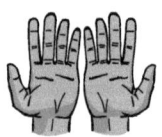

lijevo / desno

lijevo / desno

blizu / daleko

blizu / daleko

novo / rabljeno

nov / polovan

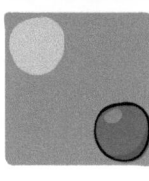

ništa / nešto

ništa / nešto

staro / mlado

star / mlad

uključeno / isključeno

uključeno / isključeno

otvoreno / zatvoreno

otvoreno / zatvoreno

tiho / glasno

tiho / glasno

bogato / siromašno

bogat / siromašan

točno / pogrešno

tačno / pogrešno

hrapavo / glatko

hrapav / glatak

tužno / sretno

tužan / srećan

kratko / dugo

kratak / dug

polako / brzo

spor / brz

mokro / suho

mokro / suho

toplo / hladno

toplo / hladno

rat / mir

rat / mir

0

nula

nula

1

jedan

jedan

2

dva

dva

3

tri

tri

4

četiri

četiri

5

pet

pet

6

šest

šest

7

sedam

sedam

8

osam

osam

9

devet

devet

10

deset

deset

11

jedanaest

jedanaest

12

dvanaest

dvanaest

13

trinaest

trinaest

14

četrnaest

četrnaest

15

petnaest

petnaest

16

šestnaest

šesnaest

17

sedamnaest

sedamnaest

18

osamnaest

osamnaest

19

devetnaest

devetnaest

20

dvadeset

dvadeset

100

stotinu

sto

1.000

tisuću

hiljada

1.000.000

milijun

milion

engleski

engleski

američko engleski

američki engleski

kinesko mandarinski

kinesko mandarinski

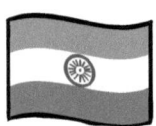

hindi

hindi

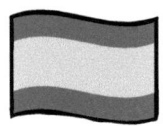

španjolski

španski

francuski

francuski

arapski

arapski

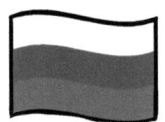

ruski

ruski

portugalski

portugalski

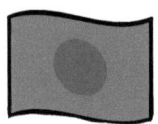

bengalski

bengalski

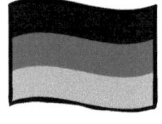

njemački

njemački

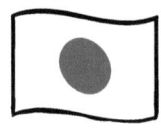

japanski

japanski

ja
....
ja

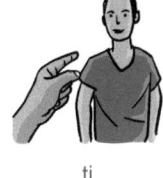

ti
....
ti

on / ona / ono
....
on / ona / ono

mi
....
mi

vi
....
vi

oni
....
oni

tko?
....
ko?

što?
....
šta?

kako?
....
kako?

gdje?
....
gdje?

kada?
....
kada?

ime
....
ime

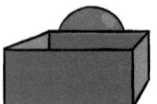

iza

iza

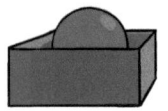

u

u

ispred

pred

preko

iznad

na

na

ispod

ispod

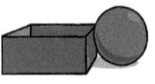

pored

pored

između

između

mjesto

mjesto